ECUPL
1952-2022

法治追梦人

陆世友 教授访谈录

人民出版社

陆世友

1958 年 7 月华东政法学院法学本科毕业。后任该校法律系主任，刑法学教授，刑法专业硕士研究生导师，上海市第四律师事务所律师。2000 年 3 月退休，兼任多届上海市刑法学研究会副总干事、顾问，华东政法学院校务委员会成员，华东理工大学客座教授。

出版学术著作、教科书等九本。主编二本，副主编二本，合著五本，在报纸杂志上发表论文逾二十篇。出版著述中有两本产生了较大影响：一本是《中国刑法教程》，任副主编，华东理工大学出版社 1993 年 12 月出版，该书系法学本科专业课教材，多次再印，发行量大，深受广大师生欢迎；另一本是《刑法原理的适用研究》，任副主编，中国政法大学出版社 1992 年出版。

1986 年 5 月，获上海市哲学社会科学联合会 1979 到 1985 年度优秀学术成果奖。1993 年 1 月，获中华全国律师函授中心首届育才奖。2011 年 3 月，获上海市高校社会科学优秀成果二等奖。

目　　录

一、第一次采访①

　　我这里(指纸质版简历)前面部分是人物志。人物经历的各个方面就是人物志的材料,我全部摆在这里了,三千字左右,你可以大胆取舍。

简　介

　　陆世友,1958 年 7 月华东政法学院法学本科毕业。后任该校法律系主任,刑法学教授,刑法专业硕士研究生导师,上海市第四律师事务所律师。2000 年 3 月退休,兼任多届上海市刑法学研究会副总干事、顾问,华东政法学院校务委员会成员,华东理工大学客座教授。

---

① 采访时间:2019 年 5 月 21 日。采访人:何鑫。

1951 年 5 月参加工作,历任中国人民保险公司山东省商河县支公司业务员,山东省商河县财政局审计。1954 年 8 月经组织选送,考入华东政法学院法学本科,学习四年。1956 年入党。毕业后留校任教。1958 年 7 月至 1963 年 8 月任上海社会科学院哲学研究所研究实习员、助教,从事法学本科生哲学教学和研究工作。1963 年 8 月至 1970 年 8 月,调任中共上海市委宣传部干部处干事,从事党务和人事工作。1970 年 8 月至 1980 年 8 月,调至上海市公安局办公室,从事公安业务和政策研究工作。1976 年以后,任办公室政策调研综合组负责人。华东政法学院复校后,1980 年 8 月调回该校,从事刑法教学工作,后又成为行政和教学双肩挑干部。

1958 年 8 月被定职为哲学研究实习员、助教,1981 年 12 月被评聘为刑法学讲师。1986 年 12 月被评聘为刑法学副教授,1992 年 10 月被评聘为刑法学教授,1987 年 12 月起被聘为刑法专业硕士研究生导师。

1984 年 6 月,获上海市司法局批准和授予执业律师资格,并被聘为律师。1987年3月至1989年4月任研究生处副处长(主持工作)和直属党支部书记。1979年4月至1994年6月任法律系主任,长期以来为法学本科生、刑法学和犯罪学硕士研究生以及函授生先后讲授了《刑法总论》《刑法分论》《刑法研究专题》。《刑事政策学》《外国刑法专题》和《刑法案例评释》等多门专业基础课和选修课。其中多门课程是复校初期,有关刑法民法专门化教学新开设的课,涉及理论上、法律上、政策上、司法实务以及培养辩才等问题中的热点、难点,完成这些新课,挑了重担,出版学术著作教科书等九本。主编二本,副主编二本,合著五本。在报纸杂志上发表论文逾二十篇,《法学》十篇,《学术学刊》二篇,《上海法制报》七篇,《上海证券报》一篇。其中两本书有较大影响,一本是《中国刑法教程》,任副主编,华东理工大学出版社1993年12月出版。法学本科专业课教材,多次再印,发行量大,深受广大师生欢迎。另一本是《刑法原理与适用研究》,任副主编,中国政法大学出版社1992年出版。法学刑法专门化、本科生深化教材和研究生辅助教材,当时在同类教材中处于领先地位。

获奖多项:1986年5月获上海市哲学社会科学联合会1979—1985年度优秀学术成果奖,1993年1月获中华全国律师函授中心首届育才奖,2011年3月获上海市高校社会科学优秀成果二等奖。

按照双肩挑的要求,在努力完成教学任务的同时,先后担任两个教学行政部门主要领导职务,连续八年时间。1987年3月至1989年4月调任研究生处,新职的主要工作是两项。第一项进行研究生处组建工作,做到无缝连接。第二项工作是认真贯彻司法部研究生教育工作座谈会精神,加强导师和学科建设,继续实行课堂授课和导师指导相结合的教学方法,夯实研究生专业基础教育,认真做好博士点申报和开办工作,在研究生招生培养和毕业就业等各项工作中,进行规范化管理,各项工作都有新的发展,为研究生教育工作今后得到快速发展奠定了坚实基础。受到市教委先进集体奖励。

1989 年 4 月至 1994 年 8 月负责法律系工作。此后继续执教多年。法律系的学生人数占全校本科生三分之二左右，专业教师也占全校专业师资三分之二左右，并承担全校各系的全部法学基础课教学任务，是全校办学规模最大、师生人数最多的一个单位。在校内校外都有很大影响。经历任法律系领导班子和全体师生的共同努力，该系多位著名教授当选为中国法学会各有关学科研究会的领导成员和学科带头人。司法部组织编写的全国高等政法院校规划教材(又称统编教材)，法律系著名教授苏惠渔、彭万林、徐轶民分别出任《刑法学》(1994 年修订版)主编、《民法学》(1994 年修订版)主编、《外国法制史》(1982 年出版)副主编。全系师生安定团结，精神面貌、教学秩序及各项工作都勤奋向上，积极发展，多次得到先进集体奖励和表扬。学生得奖更多。每年有数十位学生得个人奖和市级校级优秀毕业生奖励，为学校争得荣誉和光彩。

问：老师，其实我们想了解得更全面一点，材料的主要内容是工作上对学校、对社会的巨大贡献。我们现在想了解您的一生，您是如何成为著名的刑法学资深教授的。例如，工作之后，为何又想去读大学？您又是怎样和刑法学结下不解之缘？我们都想了解一下。

先讲开新课。我们那个时候，20 世纪 50 年代，大家都是学苏联刑法而不是英美刑法。那么这门课是怎么样开的呢？这门课是 1979 年复校以后，当时都叫政法，后来才专门化：刑法专门化、民法专门化。专门化以后就等于一个学科一个专业，三年级就开课了，讲苏维埃刑法、英美刑法。还有就是刑事案例评释。苏维埃刑法大家都学过的，当时我们有个老教师叫朱华荣，他在解放以前就大学毕业了，他是在北京直接跟苏联人学的。学苏维埃刑法的时候我们是学生，他已经是工作人员了，所以他讲这门课比我们有条件。那么英美刑法由谁来讲？都没学过，两个月以后就要上课了，专门化后这门课开不出来，那个是不行的。首先一个问题，当时是 1980 年、1981 年、1982 年，材料很少的，不要说材料了,就是这个体系怎么立都不知道。1990年以后材料才逐渐出现,2000年以后就很多了。1980年、1981年的时候几乎什么材料都没有,纯粹是白手起家。材料缺乏情况下,你凭(借)什么讲?有哪些学者?什么是大陆学派?英美学派?材料在你面前你也不知道,这是很关键的。在这个情况下就开这门课了。后来我们用了这个体系也不是最好的,也不是最满意的。那么人家说这个体系好不好?不管好不好,能够开出来就不容易!当时都是很有影响的,某政法学院知道后,还来了两个研究生,盯着我要稿子。

问:老师您退休以后一般做些什么事?

我身体不太好,六十岁是从系主任的位置退下来了,教学工作直到六十五岁才退休。退休的前几年,是把没有上完的课上完,研究生没带完的继续带。接下来就是参加社会工作了。社会工作主要是在法学会里面当顾问。

问:您当时是如何培养学生的?

学位研究生的人数是有规定的,一个老师只能带三个学生,不是一个年级三个,总共只能带三个。非学位研究生的人数则没有规定,一个老师可以带一个班级、两个班级。

这种制度还是有道理的。现在的研究生人数相当于本科生人数了。那个时候本科生整个学校加起来,后来把干部轮训都算在里面也才有两三千人,现在研究生都有两三千人了,对不对?就说我们规模不一样了。我们在北京开会的时候也讨论这个问题,到了一定规模再由研究生教育学院统管,管不了的,还是要分专业、分到各个系里面去的。现在都分得很细,这是对的。研究生这么多专业,统一管理怎么管。

你们现在的上课方式跟我们那个时候差不多,那时我们也是每个礼拜基本上三四天课。不是每天都上课,一般都是上午上课,其他时间留给你们自己读书和导师指导。

问：老师您以前为什么会去山东工作？

我们那个时候大家都经济比较困难，都希望找一个好点的工作。我那时候在上海参加了中国人民保险公司华东区公司。在上海培训一个月后就被分配到山东去了。我原来还学过一些财会，所以后来到财政局当审计。

为什么要我们去山东呢？是这样的，解放初期，棉花都靠进口。当时美国对中国实行经济封锁，所以棉花很紧张。棉花一紧张，衣食住行都紧张了。因此，我们要自己种棉花。当时全国确定了几个重点产棉区，一个产棉区在苏北，一个产棉区在山东，政府让老百姓种棉花，老百姓说我们从来没有种过棉花。种了棉花以后，产量低了怎么办，亏本了怎么办？老百姓有顾虑。

后来上面想了一个办法，就是让老百姓不要有顾虑——保险。不过保险也有问题。你保得行还好，不行的话老百姓不下工夫的时候产量也不出来的。当时确定政府保七成，老百姓自己保三成。一亩地产量一百斤，我保你七十斤，三十斤你自己保。如果产量出来超过一百斤，全部归老百姓。产量不到一百斤，差多少，按照三七成分开政府补贴。这就叫棉花保险，我们是中国首办的农业保险。搞了一年以后，我们这个队伍就撤回来了。

由于当地要留一部分干部，就撤回来一部分留一部分。我留下来以后就到财政局去了。我是上海人当然还是想回上海咯。接下来正好1950年，那个时候高中毕业生少。大学招生人数超过当年高中毕业生人数，招不满，所以中央决定要调一部分干部到大学。我被我们单位选上了。当时还是到济南考的。其中有张国全老师，现在已经去世了，当时我们一起考到这里来了。大致就这样一个过程。

问：当时您怎么想到来报考华东政法学院的？

第一个是人都是有上进心的，你不读大学，在那个地方待下去，进一步发展也到此为止了。还有一个是上海人在那边工作，还是都想回上海的。所以，总的工作要求跟个人的想法结合在一起——考大学。

　　我们在上海读中学,到山东工作以后才考大学。相隔好几年了。那么谁帮我们辅导,一共就一个礼拜。从工作岗位离开到济南考试一共就一个礼拜。怎么办?这个就很有意思的。政治没有问题,因为我们干部平时也要学习的。语文问题也不大,写作文,我们工作也写写的,麻烦的是什么呢?历史和地理。它是考中国历史、世界历史和中国地理、世界地理,中国和世界合在一起考,一门历史、一门地理。尤其是解放初期这个时候,这个世界历史和世界地理是很难学的。

　　找老师,我们那里没有老师,中学不是在那个地方学的。当时我和张国全就给自己当老师,到新华书店去买书,看哪本书好。我记得很清楚,每人买了两本书。一本是很厚的《世界知识手册》,一本是《简明中国历史》。《简明中国历史》一共大概八万字,就从历史朝代捋一捋!《世界知识手册》,厚厚的一本。这里边世界主要国家的历史地理都有。我们住在旅馆里备考。苏联、新民主国家挑了几个,英美挑了几个。中国挑了几个朝代,就这么弄。那个时候看到苏联的时候,1917年十月革命这个题目太热门了,一看还有1905年革命,这个要注意的。结果,都选对了。确实考了一个俄国 1905 年革命。这道题二十分！一门课是一百分，这道题就有了二十分！所以最后靠看这两本书就考上大学了。

问：老师，那你们当时报考志愿什么标准？

报考志愿我们有两个标准，第一个标准上海，第二个要好考一点的。华东政法学院不用考数学的，所以我们报考的时候，既报了华政也报了财大。考高考数学我们成绩肯定不行的，因为离开时间长了，所以政法学院是第一志愿第一个学校。另外，这工作我们还是可以接受，还是比较喜欢的，当时搞法律搞财经都可以。就这样糊里糊涂就报了，但糊里糊涂的东西也是经过考虑的。你为什么报这个不报那个，就是这种情况。

问：我了解到崇明那边有个大农场。就像一些青年学生，有可能要送到那边去锻炼。您上完大学之后，

按照当时政策不是应该去下乡锻炼吗？

我们没有去农场。到崇明和嘉定去学农的是1959届、1960届学生。我们是1958届，1954年进校，前两年是礼拜四在校参加义务劳动，住在学校里。后两年是在农忙时去农村参加夏收夏种和秋收秋种，每年两次，每次两三个礼拜，和农民同吃同住同劳动（简称"三同"）。

我们当时留校的一共二十九个人，其他的人都分到外地去的。我们1958年毕业分配留下来以后就分各个专业。那个时候法学毕业的，搞政治理论课的人蛮多的。我是在哲学研究所，有的在搞政治经济学的，也有的人搞法学的。1958年时，社会科学院成立，分到哲学所、经济所、法学所几个所。因为我们是调干生，原来是工作过的，所以我们读书期间到三四年级时候一年也有一次下乡劳动的。

所以好多人毕业以后下乡劳动一年、两年、三年，我们这批人毕业没有马上集中劳动，而是分散去劳动，每年参加一个月的劳动，所以我们进入状态还算是比较快的。

问：您下乡劳动住在哪里呢？

我们是临时劳动，住在农村旧屋的大堂里，前后透风，雨天更糟。在这样的地方，去搞点床板、稻草在上面。他们说我们在上海算是好的，到黑龙江去的那是真苦，那个是没有房子的。因为我们平时有一年去一个月的，也有一年去两个礼拜的。三秋、三夏。夏收夏种、秋收秋种，两个礼拜就好了。一个月的是你一月份、我二月份轮流去的。上山下乡劳动，我们还不如农村的小姑娘。你们知道吗，割稻是一把一个人割过去。六株正好一下割下去。那么我在前面，你在我后面，一个人一个人这样割下来的。当时带我们去割稻的那个当地小姑娘，十二三岁，开始她是最后一名，但到最后，她变成第一名了。劳动确实有个过程的，没那么简单。简单劳动就不简单。锻炼一个人的意志，锻炼一个人的能力。特别是有些去东北的人，那是很艰苦的。不过这种经历很多人都没有。

问：老师您下乡劳动的时候是去上海的农村吗？

是的,我们就在上海。我们下乡最有趣的是拉车子。那个时候公社分配烧饭的煤,比如说整个大队,一个月给多少车的煤。自己拿个车子,到龙华那个煤站里面去拖。他们叫我们去拖是有道理的:第一,拉车子都要强劳动力,妇女不行的。我们这些干部,旁的不行,拉车子是可以的。第二,这些事以前都不知道,后来才知道的。他们自己去拉有数量的限制,我们干部去,就不管了。你装得再满都没关系。所以我们去比他们拉得多。

还有下午送菜,大地里面的菜送到集散的地方。送菜也是拿这个车子,我们挑担不行,拉车子行的。他们说你们上海人的力气还是有的。送菜要穿过铁路,一般拉不动,它会倒退的。那么后来知道,不要急跑,先停一停,你冲之前力量要准备好。看好没火车,冲过去以后就没问题了。所以这里面也有点熟能生巧。

问:就全是靠人力拉,也没有马?

是的。那个时候我们还都才二三十岁。上海不用马拉车,是人拉拖车,也有用自行车拉拖车的,上海人俗称"拉黄鱼车"。

问:陆老师,我觉得您讲这么久也比较累,考虑到这个,我想我们再回去梳理一下,您也再想一想,回忆一下。

好的,通过你们可以相互交流交流,然后就相互启发,思路就慢慢打开了。

二、第二次采访

　　上次你提到关于 1997 年刑法跟 1979 年刑法的比较、依法治国的前后比较。按照这个思路我准备了一下，有了素材你们前前后后可以去做文章了，这些东西从不同角度写，用法都不一样的。最后还要介绍我的家庭情况，因为你们对上海的城市情况不太了解，我给你们介绍一下。

　　第一个问题，刑法修订前后的比较。我找了一份材料【陆世友：《整饬国纪　威慑犯罪——新刑法重大修改综述》，载《上海证券报》1997 年 9 月 27 日】出来。1979 年刑法和 1997 年刑法修改了哪些东西？1979 年刑法和 1997 年刑法的对比，这份报纸上都有，你们拿回去看一下。一共归纳了十一个问题。那么这十一个问题里边，我想讲两个问题，第一个问题是关于现在比较热门的问题——正当防卫。正当防卫概念、要点、刑法修改、正当防卫对于发动群众斗争的积极性等，这里面都有了。

那么现在我结合发生的几个案件来讲一下正当防卫里面的几个问题。第一，正当防卫跟相互斗殴的区别。这个界限是很重要的。这几个案件前面公安机关把人抓起来，最后检察院认为抓得不对就放出来。一开始都是作为斗殴抓的，正当防卫公安局不会抓他的。昆山的案子也抓了，还有几个案件都抓了，都是公安局抓的。对于这个问题公安局认定正当防卫的条件好像太严了，把群众斗争积极性都约束起来，本来是要通过正当防卫来发动群众，结果问题出在他们自己身上，为什么呢？相互斗殴不存在防卫的问题，相互斗殴谁对谁都是不法侵害，对吧？这不是问题。但是正当防卫里面确实有相互打的问题。我对你不法侵害，你对抗了你也动手，这个界限是很难区别的。这是一个问题，区别这个问题的关键是这件事的起因、动机是什么，这是很重要的。起因是什么？动机是什么？一开始谁先动手的？他的动机是什么？起因是什么？那么区别这个性质，把性质都区别开来了，那么后面才能理解。

　　第二,需要搞清楚的是正在进行的不法侵害,"正在"这两个字怎么理解? 那么联系昆山市这个案件,最后的结论很有意思。前面夺他的刀,这是正当防卫大家都没有分歧,分歧的是刀夺来以后,这个人又追上去砍他,这个是有问题的。正常情况下刀被你夺走了,对方已经往车子里面跑了。他这个时候,不法侵害是不是已经结束了? 他说没有,他觉得回去可能还要去拿刀。这个不能用"可能"的,正当防卫要根据现实的,可能的话这个就麻烦了。可能对方已经离开了以后,说对方可能还会再来追,这可以吧? 但接着很有意思,后面打几下他说没有打到,没有打到的,后面就不要谈了。但是从理论上来讲,正在进行的"正在"的范围到底是什么? 对于"可能"对方还要打,这个可能怎么认定,该不该认定? 这是一个关键的问题。但现在谁也不讲这个问题。因此要正确理解的第一个是什么是"不法侵害",跟相互斗殴区别开来。第二个正在进行里什么是"正在"。

　　正当防卫的成立条件没有"不得已",既然是正当防卫,它是给防卫人的一个权利,防卫就是制止不法侵害的发生。如何理解制止? 防卫的程度? 然后正当防

卫的根本性质是什么？正当防卫从很多个方面，可以
这样理解。但是你离开了防卫两个字，再理解"正在"
"不法侵害"，这些概念都会偏的。这样讲一个道理，
那样讲也一个道理，到底有没有道理？一个前提，这是
防卫。要从防卫的这一个大前提来判断，理解这个行
为是不法侵害还是相互斗殴。我这几点实际上都是有
案例的，这里面涉及正当防卫的问题。其他的问题更
多，正当防卫的性质是什么？外国叫阻却违法性。

第二个问题将原来的破坏社会主义经济秩序罪改
成破坏社会主义市场经济秩序罪。这是一个很大的修
改。这个罪名修改以后，有好多问题要去研究。我先
把观点理一理，再举几个例子。这里很大的一个问题
是，在市场经济情况下的经营危机。经营有很多可能
性，经营可能成功，也可能失败，对于经营里面产生的
经营危机怎么判断？实际就是不要把经营当中由失败
造成的后果，都变成犯罪了，这个是不行的。

我举个值得深思的例子，已经有二十年。我是
2000年退休的，当时我还没退休时，我在办公室，"啪"
一个人进来。我问干什么？他说他的儿子现在被抓起
来了，很急，明天就二审开庭了。是什么事呢？他说他

的儿子向一个单位租了一间房子开店,营业执照、工商登记都有了,租金他家也有了。经营要有钱,资本没有,他儿子动了个脑筋。当时二十年以前有韩国的西装,很便宜的。二百元钱一套。那么西装哪里来的呢?卖西装的人去批下来的,批发的地方是一百五十元一套,买十套一千五百元,拿来他再卖给人家二百元一套,生意还蛮好的。当时很热闹的,他的儿子就动脑筋了,儿子就跟批发站商量,他说我是什么公司的,我有营业执照的,我现在没有钱,他很坦白的,你现在卖给他们是一百五十元一套,我也向你批一点,你卖给我也一百五十块,我向你买一百套还是一千套,具体多少套我忘了,反正就是好多。他就说,我现在没钱,三个月以后给你钱,那个地方也同意了,就这样签好了合同。我先假设是一千套,西装拿来,他的儿子拿来以后他去卖给小贩。卖一百四十五元。小贩觉得拿要一百五十元,你这一百四十五元,你是真的假的。他说我给你看发票,确实是真的,那小贩就到他那里批了。他一百五十元买进来,一百四十五元卖掉,亏损五元钱一套。一千套亏损五千元,但是一百四十五元一千套拿来的十四万五千元被他用来作为资本去搞经营。当时的判决是有道理的,你买进一百五十元一套卖给人家一百四十五,这个行为本身就不合法,所以你不是经营活动,定诈骗。那么他说我是经营活动,我是为了借这个钱。一百五十元批的话生意也很好,他一百四十五,一千套很快就卖掉了。钱就拿到了十四万多。这些钱他用来干什么呢?他当时得到消息,电焊条要涨价。他就把这十四万五千元钱去买进电焊条,涨价以后电焊条再卖掉。他就做这个生意,卖掉以后去买电焊条。买的那个电焊条呢,确实隔了两个礼拜涨价了。问题出在哪里呢?他是外行,电焊条品种成分有区别的。他买进的电焊条,这个时候没有涨价,涨价的是另外一种。那么涨价的那种可以卖掉了,但他卖不掉。三个月到了,西服批发商的钱他也还不上,那么卖西服的批发店就告他。现在这些电焊条全部放在经营店的仓库里,成了罪证。

定诈骗罪,我一听,觉得这个定诈骗很难说的。他说大哥我求求你,你来帮我去辩护,我说我不能给你辩,明天开庭了,你有律师,你对律师讲,可以提出异议的。这是经营当中的一种危机也好,风险也好。如果说你讲的事百分百是真的,那么应该说这是属于经营当中的一些风险,风险有成功的,也有失败的,人人都有的。这种情况下你定人家是诈骗。而且他这个诈骗是作为侵犯财产罪里面的诈骗,他有辩护理由的。所以搞市场经济要区别一下财产诈骗罪和市场经济里面可能发生的这种经营风险,这个界限不搞清楚的话就麻烦了。

第二个例子是非法集资和集资诈骗的区别。最有名的是吴英案,一开始判了死刑,后来变成无期徒刑的。当时,她也去做生意。做生意她要有资本的,随着生意越做越大,她就叫人家来投资,投资她都要吹的,人家才来投资的。开始她把投资利润都给人家了。但后来她拿了钱干什么呢?有一部分是做生意,一部分买房子。她眼光很准,房子要涨价的。她买了好多房子,结果买了以后,房价没涨反而还跌了。房子赚不了钱,人家来投资的,到时间来要钱。她意识到做生意要有信用的,就照样给他(债权人),人家看她好像利息蛮好的,就去吸引人家再来投资。她不能讲老实话:我这个投资放在哪个地方,现在不行了。这样人家谁来投资?她就说我信誉好,这好那好,你们来投资。那么当时人家就都来了。时间一长暴露了。好多投资的人找她,她说你们不要急,我东西都在。涨价以后我们怎么怎么样,那么数字很大的,这个最多是非法集资。但最后定的是集资诈骗。

为什么定集资诈骗,理由是后面吸收投资的办法是使用欺骗的办法,这是第一个理由。第二个理由,你已经亏本了,现在的钱也顶不了这个本了,这是非法占有。按照这两条,一审二审判了死刑,后来再审。当时报纸每天连续报道,最后没判死刑,改为无期徒刑。新的问题来了,那么她这些房地产没一个卖掉,还保存在那里。现在吴英提出来了,现在我的房子你们可以给我去卖掉了。现在房子卖掉以后我还能赚钱,你把这个钱都还给人家,你说被动不被动。当时诈骗罪的成立理由,最根本的理由是一个是炒房骗人家,第二个是你东西已经基本上没有了。她说不是东西没有了,是价钱不对了,那个时候房价又不高。现在房价涨了,它是涨的,实际上是一个时间差。人家拿的钱来确实是搞经营活动的。这个事现在也没有消息了,所以这个问题来了。

这也是一种风险。市场经济里面的好多经营活动有一个风险的问题。由于风险可能是一会输得多、一会赢得多。在这个情况下,这个案件定非法集资,大家都没意见;定集资诈骗,大家都有意见;她被判死刑,大家更有意见。所以说,破坏社会主义经济秩序罪改为破坏社会主义市场经济秩序罪以后,带来了一系列的问题。这些核心问题都没有研究,还是用老观点老方法、用侵犯财产罪的构成要件的思路来处理,那就麻烦了。

这几个问题跟市场经济有关,那么还有一个问题跟这个有一定距离,但是也有一些关系的。现在很走俏的,各个公司会发行"券"。那么拿了这个券可以去买货,对吧?大公司也有。比如体育场卖年票,这里面带来了很多问题。我要研究的一个核心问题是发的这个券什么性质?

问:您是讲预付款吗?

预付款也在里面。预付款是一种小的。它在很大范围内都可以用的。这种行为本身是有许多问题的。还有就是押金,这个自行车的押金是都有规定的,百分之多少应当交到银行里面,但拿了钱就挪用、乱搞当然是他的责任。什么诱发了这个问题?他的目的就是看中那个钱,要用这个钱。核心问题,如果大范围可以使用的,这个钱就等于是货币了。货币的数量大量增加了,它不是货币,而是在一定范围内对货币使用的这种权利增加了。

这种东西带来的问题多了,对于国家的经济调控来说,总量受影响了,这个钱的使用,既然有规定要百分之多少,要承认,钱到人家手里,他不交,谁也没办法。一发生问题了以后,退赔他退不起怎么办?就像现在 ofo 自行车等这些问题,都属于在经济方面的一个基本问题,就没有很好的把握,这个数字不得了,因为货币量是受国家严格控制的。

还有一些问题,市场经济里面比如说专款专用的问题。我们国家明确作为专款专用的东西就是八种,挪用救济的款物要判刑的,这是国家明确规定专款专用的。这个以外的东西,哪些项目专款专用,这个都应该是国家有规定的。专款专用是稳定经济的一个重要手段,同时也是限制经济的一个手段。八种以外也有的。这个就有点讲不清楚了。打个比方银行贷款,有贷款用途的,你贷过来以后这个用途改变了,按道理说是不可以的。按金融法规是违法的,但屡禁不止。

刚才正当防卫里面我漏掉了一个问题,即防卫过当和假想防卫的罪过形式问题。防卫过当有没有可能是故意犯罪?假如前面的都没有争议,确实是正当防卫,只是防卫过当了。防卫过当只能是过失犯罪,不可能是故意犯罪吗?有人来偷我一个小东西,我一把刀砍过来把人砍死了。他确实是偷东西来的,我一开始的确是防卫,但是我明显是过当的。有的学者说只能是过失犯罪,不能是故意犯罪,理由是因为我出于防卫的意图。

再举个也很典型生动的例子。那个时候我们快下班了,可能是铁路或物流系统里的保卫部门到我们教研室来了。是什么情况呢?当地政府跟党委通知,某某单位保卫科两支手枪丢失,估计被人家偷去了。偷枪的人有可能要利用这两支枪进行其他的犯罪活动。因此,通知各保卫部门提高警惕,发现这个情况以后马上就采取措施。保卫部门一个人,私带了一支枪走。他干什么呢?他的爱人在医院里面挂急诊,他去陪护。医院里面急诊不是有一个门吗,对着医院大门口,保卫科的那个人突然发现外面进来两个人，猫着腰，不露头，估计这两个人就是偷枪的人。他猜测这两个人马上来作案了，就叫大家把灯关了，其他人都靠边卧下。他一直在门口，一枪两枪打过去，两个人都被打死了。结果一查，这两个人是晚上巡逻来的。那么这是什么行为？这是假想防卫。这个概念应该是明确的。被打死人的行政单位说要对这个人判死刑，不然我们没有保障了。打枪的那个人呢？他说死刑不行，判决应判得轻一点。他是好心办了坏事。那么现在问题来了，如果假想防卫能够定他过失致人死亡的话，不可能判死刑的。这肯定不对。如果定他是故意杀人的话，判死刑是可以的。

当地做双方工作，这个单位跑去全国几个大学的法律系请教。他们来到我们刑法教研室，提出这个问题。教研室多数老师认为假想防卫不存在杀人动机，不构成故意犯罪，只能构成过失致人死亡。少数老师不同意，说这是过去的具体符合说观点，现在是法定符合说，此案可以构成间接故意犯罪。

所以这里有一个问题了，就是假想防卫和防卫过当造成的后果不同，因为他是出于防卫的意图，只能是过失,不能是故意。这个说法对不对? 我讲的都是这样的例子,老是老一点。

其他方面,有两个问题我是很有兴趣的。我认为这两个问题把它展开是有东西写的。

第一个问题是关于大刑法的问题,这里的大刑法是就刑法作为一个体系来讲的。大刑法的观念,我们刑法应该是积极的,不是消极的,大刑法应该包括犯罪学,包括刑法学,包括劳动改造学,都是大刑法。现在的刑法有消极性,出了问题我来处理,其他的问题不是我的。要使公民不敢犯罪,不想犯罪! 实现这个目的,除了刑法的制裁以外,体系上应该要发挥积极性。这一个观点,充分地加以展开,也可以作为一个专题。

第二个问题是关于主客观相一致原则,这个问题理论性比较强。这里面的实际涉及刑法理论有旧派有新派,有客观主义有主观主义,两者都有片面性,所以我们应该提倡主客观一致原则,这个是没争议的。但是如何理解主客观一致原则,又不一致。在新刑法出来以后,有的人认为我们刑法里面的主客观一致原则,越来越倾向于客观主义。也有人认为不对。主客观一致的情况下,我们越来越体现主观主义。

有一个问题还没有讲到的,就是依法治国中的法治和德治的关系。我为什么讲这个问题呢?习近平总书记在到北京大学座谈会的讲话里面提到一个师德的问题,强调师德师风是评价教师队伍素质的第一标准,是每所学校应常抓不懈的一项工作。他这个讲话给我启发,就是说现在讲法治,怎么理解法治。

我们的法治跟道德到底什么关系?这是当前要解决的问题,法治不和德治结合起来理解是不对的。我们这个法治是社会主义法治,我们社会主义国家的法治一定要和德治结合起来。只有社会主义国家法治才可能与德治相统一。因此我们社会主义国家的法治一定有个德治的问题。社会主义核心价值观提出来,从理论上来讲它是来解决这个问题的。前两年我在报纸上看到,要把社会主义核心价值观融入法治。这个问题就给我们思考法治和道德的关系打开了一个思路。什么是"融入"?为什么要"融入"?怎样"融入"?对这些问题重点地、好好地研究是大有帮助的。

下面我谈谈我的家庭。我祖籍镇海,就小的时候去过一个礼拜,后来从来没去过。我的家庭是很贫困的,你们都不知道城市贫民的一些生活。父母都是城市贫民,摆小摊子,标准的老百姓。我是老大,弟妹很多,但是城市的家庭再困难,老大去读书的还是蛮多的。所以我是只管读书去,其他的不管。我读的是飞虹小学和复旦中学。中学和小学时读书成绩很普通。

读大学时的成绩是比较好的,在华东政法学院的时候我的成绩是相当好的。除一门课以外,其他全部是满分。实习和毕业论文也是满分。

还有个例子,我是刚满十八岁就参加工作了。当时就帮助父母扶养弟妹了。当时的工资是四十元,我自己用二十元,给家里面寄二十元。寄给父母不是一年、两年,一直寄到上完大学。考进大学,我调干生是二十九元。公家再给我十元补助,一共三十九元。给我父母二十元,自己用十九元。整个大学四年就是每个月十九元,十九元里面伙食费十二元五角,所以我这条件是相当艰苦的。二十元钱生活多少年下来,一直到大学毕业以后,等到我的弟妹他们都成人工作以后,我才解放了经济。

我在学校里面读书是相当突出的。我中小学读书一般,大学读书成绩好,为什么好,因为我能够理解老师讲的话,我们那个读书跟你们不一样,没书本的,老师讲我们记。听老师讲我都记得下来。我们一共是三百七十个同学,七十个是应届生,三百个是调干生。三百个里面有好几十个是工农速成中学来的,都是老干部,解放以前做老干部,解放以后年纪还比较轻。他们中学也没读过,读工农速成中学,然后来到大学。这种情况下他们听也听不懂,听不懂记不下来。那么那个时候我们能够记下来的就帮他们。他们叫"上课记笔记,下课对笔记,考试背笔记"。在这个情况下,那么我们文化素质比较高一点,由于作为干部工作过一段时间,能够听得懂、记得下来,这个不一样的。你们现在不要紧,你们现在都有书的,我们那时候没有书的。

问:您父母或家庭有没有对您有比较深刻的影响?

上面讲的经济情况,能说明一切。三年工作加大学四年,坚持七年没有倒下来,这是不容易的,不需要再讲了。

问：比如父亲或母亲对您的教育方式，对您成长的影响。

有两点：一是做事要苦干、实干；二是做人要有一技之长，读书就是为了一技之长，体现现在就是要有点本事，你脱离这困难情况，你就要有一技之长，那么我们就读书。

问：冯小刚拍过一部电影《一九四二》，就是描述新中国成立前战争比较激烈，然后大家生活也比较贫穷，很多人被饿死。当时上海是什么样的一个社会情况？

解放初期，上海政治上的变化确实是发生了，当然经济上的变化是有一段过程的。那一段时间，上海的老百姓还是比较艰苦的。很多失业的，十七八岁的人都是到处去报考，整天的事就是进军事干校，这是通过学校渠道的。还有社会渠道，新疆石油公司、华东税务局等，我这个保险公司是在我读书的那个地方。说保送也好推荐也好,反正解放初期,青年当兵的是华东军大、华东各大军干校、华东工商干校还有华东南下服务团,这是四个部门,都是穿军装的。那么像我这样眼睛不好的就参加不了了。在地方工作的如新疆石油公司、华东税务局、保险公司、财经单位。那个时候学生也很有意思。还有一个叫大上海青年服务团,到它那里去开介绍信推荐,所以那个时候青年团也为就业做了好多工作。当时的主要问题是解决贫困人口的生活问题,这也是社会问题。

问:解放前后生活有没有变化?

解放以前穷人的生活是一间房十来个平方住七八个人,这是普遍的生活水平。而且在一间房子里面吃喝拉撒马桶都在里面的,什么卫生都没有的,城市里都是这样的。当时参加工作主要是为了生活。现在说脱贫,什么叫脱贫? 脱贫的问题,给他钱不是主要的,脱贫问题要帮他创造一个经济来源,要就业,让他就业比你给他多少钱还要好。脱贫是靠生产,不是靠救济的,救济是救急。我的家就是这样的情况,上海的穷人都是这样的情况,现在都翻了身,变化大了。

问:您记得小学时候一个班有多少人吗?

一个班就是三十几个人。

问:那上学的人还是很多。

上海大部分男孩子是都上学的。你不去上就帮家里边一起去干活,这个干活不是农村里面去田里干活,而是家长做小贩的,他也去帮助,上海最困难的是拉车子,还有就是小贩,在马路边上卖小杂货的。风里雨里,大热天、大寒天都要干活,这是穷人的基本生活。

问:上学的这种观念怎么样? 是不是注重学习?

要有一技之长，一技之长就是去读书。这个跟家庭有关系的。解放以前就很简单，要给他生活就学读书，对吧？读书不是每个人都能成功的，但要成功就必须读书。

问:您对您小学或中学的班主任老师有没有印象特别深刻的？

都去世了，我八十五岁了，他们都九十岁、一百岁了。

问:老师您弟弟妹妹也读书了吗？

有的读，有的没读。都是在解放后才读书的。在解放以前，家长没有钱给子女读书。

问:你们读书的时候还要劳动吗？

城市里面读书上课回来还要做作业。当时读书要有一技之长的考虑,学业还是抓得比较紧的,学习成绩好抓得紧,但抓得紧不一定成绩好。

问:您中小学课余时间的娱乐方式有哪些?

没有什么娱乐方式。我原来家住闸北,唯一的娱乐方式就是空闲的时候,沿着苏州河边上,一直走到外滩,来回走走看看,再坐在那个边上,看上海大厦就是百老汇大厦有几层楼,我知道有二十一层楼。当时能够生活下来,已经算可以啦,家里面已经是尽最大努力了。所以我们工作以后也是给家里面最大的帮助,都是这样的。依靠子女一个一个出来工作,那么家里面就逐步解放了。

问:还记不记得当时有什么样的运动、活动? 您有没有参与过?

我唯一的运动就是走路,那个时候晚上我学过基本会计学和成本会计学。为了省车钱,每天下午我都从闸北走到学校,学校在南市区(现已并入黄浦区与浦东新区)的陆家浜路,上完课以后再走回来,所以我走路还是可以的,运动我就是靠耐力慢跑。刚满18岁我们就参加工作了,比我们再高的大学里面它有社团活动的,我们是解放以后进大学的,有的是学生会活动、团队活动,这和解放以前里面的社团活动就不一样。

问:您在大学参加过这些社团活动吗?

我是团组织宣传委员。我是解放后读大学的,后来的团队活动同解放前的社团活动不一样。

问:您当时有什么兴趣爱好?

进大学以后学过口琴。穷人家庭出身的子女哪有那么多这样那样的东西,因为家里供你读书就需要多少力量了,你们知道饭怎么吃的,城市里面的人都是吃大米的,但是困难的时候是菜里面放点米。当时的思路很简单的,要活下去,穷人家都是这样生活的。所以你要出来就要有一技之长,过去各走各的路,基本上是读书。当时能有什么爱好,也不可能有这种爱好。

问:您从 1954 年开始上大学,当时您学的教材,比如刑法学的教材是苏联的教材吗?

20 世纪 50 年代初期,苏联跟中国关系比较好的,派了一大批专家,到我们中国来帮助搞建设。其中有一部分是法律方面的专家,他们来自苏联的法院、检察院、大学。那时候苏联都叫苏维埃,他们把苏维埃刑法、苏维埃民法、马列主义关于国家与法学的理论带进来。苏维埃刑法有一个特点,理论体系都是按照特拉伊宁的体系来的,我们学的都是苏维埃刑法。

跟现在的不一样,现在中国有中国的,外国的有外国完整的书可以看的,那个时候没有的。所以那个时候读书要能听得懂,听不懂不行,要记得下来。听不懂记不下来,那就麻烦了。

问:讲课的这些老师他们怎么学的?

讲课的老师他们是边学边讲,他就学两个月,记下来回来讲课给我们听。

问:他们没有加入那种法学实践里面去,没有担任法官、检察官吗?

大部分都没有,他们学的东西跟我们学的东西不一样。我说不一样,就是跟苏联的东西也不一样。他们中很多人出身不太好,解放以前没有经济基础的人能够读大学那是很少很少的,所以他们有相当经济基础的。就这个情况在当时看来的话,好像所有的家庭关系都比较复杂,所以他们这些人毕业以后是离开执法机关的。这是受"左"倾思想影响的教训,可见其害人不浅。

问：政法机关是后来才有的吗？就那种法官、检察官。

法官、检察官一开始的时候都是一些老干部，从老解放区里面过来的、南下的干部，还有一部分是复员军人。

问：是不是都学过法律？

我国法制建设有一个突出的特点，就是充分发挥政策的作用。全国解放以前，有一大片解放区，培养了一批干部，也积累了一定的管理经验。解放区也有自己的法律，但是解放区的法律你也不能拿来马上用，我们新中国是1949年10月1日建立的，解放区是用苏维埃的法律，作为政策还是可以的。所以中国政策是有特殊意义的，政策到后来转化为法律的过程里面有各种各样的情况,基本上还是有效的。

我国刑法是 1979 年制定的,1949 年到 1979 年有三十年的时间,这段时间有一些单行法规,有关问题没有单行法规的,只能用政策了。所以这段时间是有法律虚无主义的问题,但是又要考虑到当时的一个历史背景。政策转化为法律有一段过程。

问:老师您上大学的时候好像文人比较多？像郭沫若,您有没有对这些比较感兴趣的,比较喜欢的一些作品或者作者？是不是也经常读这些书呢？

我的知识面是比较窄的。我主要是看专业书,专业书都看不见。

问:老师,那个时候学法律的人多吗？

学法律的人有各种各样。我们 1954 年这一届真正的应届毕业生就七十个人,三百个人都是调干生。

这些调干生里面一部分是复员军人,但也都是通过高考进来的,一部分实际上是我们这批机关干部,也是高考进来的,还有一部分是工农速成中学来的。

这些人确实是解放区来的老干部,他们文化素质不高,一解放就调出来了。在苏州工农速成中学学习后报送到政法学院来读大学,这些是老干部。这批老干部都是农村出来的穷人,好几个人都是新四军出来的、打过仗的老干部,他们都是解放时期、抗战时期的。

问:他们运气也蛮好的,也可以读书。

是的,他们也很努力。但他们成绩很差,关键就是听不懂,记不下来。我们只能帮他们对对笔记,别的没有什么办法。他们上课记不下来,下课的时候到处问人家去借笔记、对笔记。笔记没有对完,第二天新课又来了。记下来的人下课后就在那里理解消化了,他们还在对笔记,笔记还对不全。所以说他们成绩不好不是因为他们不努力,他们很努力,比我们还努力。但他们没办法。是吧?

问：当时您读大学的时候，有没有什么业余活动，像电影、电视这些？

那个时候我就学会了吹口琴，文艺节目上台表演集体活动就是吹吹口琴，因此我也参加集体活动。那个时候还有交谊舞，我跳不了，现在我还跳不来。当时跳不来这个事情就很麻烦了，你宣传委员，人家都去，所以我也得去，去了我也学。学得很有意思的，交谊舞男的女的舞步是不一样的，我们也不好意思叫女同学教，就叫男同学教，学了女步，至今还不会跳男步，真不好意思。

体育活动怎么办？体育活动我们有几个考核项目，体育活动我最害怕短跑。我们那时候大概是十四秒二及格，我跑来跑去一百米都是十四秒五，到不了十四秒二。考试的时候巧了，刚好跑进了十四秒二。跳远跳五米才及格，你们没有问题的，我们这些调干生，这五米是难关了，跳远没有五米不及格，我跳来跳去只有四米五，怎样跳都不到五米。后来开运动会，我就去报跳远，穿着钉鞋。跳远正好巧了，踏板踏得太准了。跳过去正好五米就及格了。拉单杠六次及格，我们这些调干生拉一次可以,两次就不行,第三次拉不动了,你们六次也不稀奇的。我唯一考得好的,十公里负重五公斤行军。从我们西门旁边去中山路,到华师大后门那边兜一圈回来,正好十公里,背上五公斤的沙袋。我跑下来五十九分多一点点。体育方面这种耐力还是可以的。你要灵活、速度不行,这东西也很有意思,每天早上起来跑步,人家不要跑步,不要锻炼,一下子就上去了,我们每天去跑步才差不多刚刚及格,但是十公里他们不行我们行。

问:课余的活动就是您练口琴,还有交谊舞,以及您说的这些体育运动,基本上就是这些?

体育运动是因为要应付考试,我社会工作还做得蛮多的,我原来是团支部宣传委员,以后是当团总支宣传委员。学校里面团支部、团总支宣传委员的事情是蛮多的,学校里面的活动,这些都是我的任务,所以我跟你说社会工作都在,学习怎么还这样好,为什么这样好?关键是上课我听得懂记得下来,这个是关键。听不懂你记不起来,你下课再去找那些笔记去对,真的很麻烦。

问:那你们没有教材,有没有一些课外书呢?

教材拿来看就是一般看看,拿来背是不可能的。上课东西要把它记住、把它消化掉,老师是经过提炼的。苏联的东西看起来毕竟还是吃力的,他们的习惯和我们习惯不一样。我们的习惯是讲条理,很清楚,他们的逻辑不是很清晰。苏维埃刑法总则和分则用中文来翻译就几句话,翻来覆去的。

中国的教材不一样的。当然,就是我们中国的学生太呆板了。我认为教材就要简单,而且要让一部分材料留给老师发挥发挥。它的材料是这个教材你自己去理解。我们这个年纪的人特点还是蛮多的。这四年里面,前三年在"知识就是力量"的号召下学了不少东西,这是很难得的。1957 年搞反右派斗争,书本就学得很少了。可惜。

问：老师您有没有让您自己的孩子也学法律？

现在我的孙女学法律。

问：是您建议她学吗？是自己想学还是在您的影响下学？

她对法学蛮有兴趣的。当医生的子女做医生的不多，子女和父母都搞这一行的好像挺少的。有些专业外界看蛮好，但各界都有各界的难处。现在上海人民广播电台有时都请律师来。律师不容易的，他们不是什么都懂，也要做准备的。所以当医生的子女学医的和当法官的子女学法的也不多。

问：等您孙女毕业以后，您建议她从事什么样的职业？

她想教书。我是学哲学的，必然性当中也包含着偶然因素,最大的不确定性是四年本科、三年研究生,毕业需要七年,法律各方面的情况怎么变化讲不清楚,多学一点东西没有坏处的,学了法律你可以直接干法律也可以间接干法律。直接的有法官、检察官、律师、法律老师这些,间接的话哪怕你在居委会,读过法律也是不一样的,邻居发生矛盾和纠纷怎么处理,你学过法律的人说出来的话和没学过法律的就不一样。

问:我们今天主要问的是您大学以前的事情,您看看还有没有什么要补充的?

大学以前没有要补充的了。

问:陆老师,今天也聊得挺久了,您休息休息,我们也回去整理整理,下次约个时间再采访您。

三、第三次采访①

　　这个案子是 1987 年山东省某地区某市发生的一个案件。那里有一个棉站的站长,叫朱某,有人说他贪污,外面在传要判重刑。这个朱站长,他的弟弟是当地检察院贪污科的科长。他管这个事的。因为这个事情把他弟弟枪也缴了,公务都停了。1987 年 2 月,朱某的弟弟带着朱某的儿子到上海来请律师。当时我们很奇怪,因为他是检察院的科长,他讲话我们也相信,就问怎么回事。

　　他说他哥哥一分钱也没拿,说他贪污,可能要判死刑。当时我们这里有第四律师事务所,也商量了一下,我们感到一般都是当地请律师,他们到上海请律师太

---

　　① 采访时间:2019 年 7 月 4 日,采访人:何鑫。

不方便了。但是他们说当地没有一个律师敢接这个案件。后来我们就去了。我们去之前也商量了一下,这个案件是比较复杂的,没有拿一分钱要被判贪污,传说要判死刑。但人家既然到上海来请律师,而且人家是检察院的科长。这个案件当时影响很大,那么还是去吧。我们去了以后,拿到二十来本卷宗。我们花了半个多月时间,还有一个叫姜涵时,我们两个人去的。我提早回来了,他留在那里,把案件全部梳理了一遍。看下来,认为不但不能判他死刑,而且也定不了罪。那时候,这个案件审的时候是在当地东方红大剧场,审了一个礼拜,那个场面是很大的,一审有三个审判员,五个被告(到庭),有十一个律师,另一边是检察长、检察员,也是十一人,声势是相当大的。那么台下的呢?是当地的中小企业(有国营的和私营的)负责人来旁听这个案件。我之所以要形容这个场面,目的是衬托当时说要判死刑不是假的,通过场面就可以看出它是作为一个大案来办的。争论的关键是两个问题,一个是贪污犯罪,要跟不正之风、违反财政纪律的界限划清楚。我们认为这些问题属于不正之风,不是刑事犯罪。而他们认为是犯罪,而且是重刑。五个人中,我们辩护的这个人是主犯,但最后申诉改判是无罪,这个就很厉害了。第二个问题,怎么样来对待乡镇里面中小企业的问题。乡镇里财务制度、报销流程都是不太正规的。他们当地政府也有这样的看法,但是因为这个案件比较复杂,上级调查组定的案。我们参加一审辩护,二审法院也来听。一审定贪污罪判七年。检察院有意见了,认为是重罪轻判。这么大的案件怎么才判七年。我们这边又认为不构成犯罪,作无罪辩护。检察院抗诉,我们也上诉到二审法院,二审维护原判七年。接下来我们就申诉到省高院。那么这个前后有一年多时间过去了,省高院比较重视,省高院亲自来提审,亲自查,查了两年,再审改判无罪。

关于这个案件,我这里有三份判决,一审判决、二审判决、申诉书跟省高院的判决,全部在里面。那么我就把它整理成这么一个材料【附录《一起重大刑事案件无罪辩护成功的启示》】。

问:刚刚谈到死刑,当前《刑修(八)》《刑修(九)》都废除了部分罪名的死刑设置,从总体上死刑的数量也越来越少。那么,您是如何看待死刑制度的?

死刑的存在,确有利弊。我总的看法是:死刑最后还是要取消的。但是现在不能马上取消,要有过程的。有些国家把它取消了,到最后又觉得不行,他们就加了例外。军事法律的例外、国事司法的例外,实际上也在用死刑。那么没有取消的国家,好多判了以后是不执行的。实际上我们国家现在判的也比较少了。

所以总的看来死刑是需要取消的。现在为什么不能取消呢?因为有一些犯罪,像杀人放火,如果没有死刑,刑法的严厉性就体现不出来。所以说个别的情况下还是要有死刑,但是尽量不用。

问:风险社会现在比较热门,很多学者都主张预防性刑法观,提出刑罚处罚早期化。例如,预备行为实行化、共犯行为正犯化。比如《刑修(九)》就制定了帮助信息网络犯罪活动罪,对原来可能属于中立行为的网络服务提供者施加了一定的义务,要求网络服务提供者阻止用户进行违法犯罪活动,您觉得这和传统刑法的谦抑性之间有没有什么关系？

　　这确实是一个比较大的理论问题。我个人的想法是主张提前预防的。因为我们刑法的目的最后还是要减少犯罪。这涉及犯罪学的一个观点，引起犯罪的各种现象都要注意的，而且它作为一个重要的方面来对待。引诱人家犯罪，行动、语言、打扮各方面，引起人家的犯罪因素，要作为犯罪学研究的重点对象。这个观点，也是从外国引进来的，我们国内就不太敢讲的。那么现在也有的敢讲了，但是总放在次要的地位。

　　所以说大刑法把犯罪学也包括在内，就是为了把预防犯罪放在犯罪学的一个理论体系里面，那就是要往前推。我们的刑法真正要成为积极的刑法、主动的刑法，这个要往前推，不能往后移。可概括为两点：一是使人不敢犯罪、不想犯罪；二是使应该受到惩罚的犯罪分子都得到惩罚。这就是法律的威慑力。

　　问：有些人觉得这样提前立法多了，很多罪名都是象征化的，就变成象征性立法，有些罪名实践中根本用

不到。您觉得会产生这个现象吗？

往前推的办法不是另外增加罪名,实际上可以将其作为原来的刑法体系上的预备犯来寻找出路。现在我们处理预备犯也很难定的,有几个比较明确的,你要伪造货币,你去买这个机器,这个行为是伪造货币的预备行为,那么伪造货币的预备犯我们要处理。但是我们刑法上也没有讲预备犯要按规定来处理,犯罪的实施阶段里边,预备犯是一个阶段,但又不是所有的犯罪都有预备犯,实际上依预备犯处理的是很少的。但是我们从刑法里面看预备、未遂、中止。没有说预备犯有规定再处理,实际上处理预备犯是很少的。

还有一个问题,我前几年在研究我们国家的刑法主客观一致原则。在主客观一致的前提下,我们是越来越倾向于客观主义呢,还是越来越倾向于主观主义。当时都提倡我们越来越趋向于客观主义。主张客观主义的理由是我们刑法中的犯罪一定规格,这个规格就是客观主义的标准。如果主客观一致原则,在定罪的原则上不是越来越趋向于客观主义,那么罪刑法定原则就要被突破了。这个理论到底对不对? 能不能从另一方面来考虑？我们的罪刑法定在主客观一致原则前提下能不能从主观方面来发展。我认为对犯罪与刑法问题，我们是惩罚犯罪分子，而我们习惯讲行为，但行为怎么惩罚？我杀人了，你要处罚我杀人犯，我是犯罪或者罪犯，要是说处罚杀人行为，这个话怎么说呢。如果说在主客观一致原则这个前提下，我们越来越倾向于客观主义，还是越来越倾向于主观主义，没有结论，谁也说服不了谁。但是主要的观点还是越来越趋向于客观主义，因为我们是越来越客观，我们越来越规格化，越来越标准化。那么从刑法规定来看，就犯罪构成来看，客观主观都有的，所以主客观一致的。现在应该越来越倾向于什么？我想应该是越来越倾向于主观主义。社会治安问题、社会问题、刑法问题、惩罚犯罪问题，要减少犯罪，要做到这个应该是越来越从主观方面动脑筋。所以你问能不能往前推，我觉得这里面还是主客观相一致。

问：您提到更多地关注主观，这个主观包括哪些方面呢？

主观首先一个就是从预防犯罪着手,从那里加强,犯罪就减少了。1997年刑法修改的时候,全国人大到上海征求意见。当时就有人提这个问题。我国刑事诉讼法第二条就规定,"正确应用法律,惩罚犯罪分子","积极同犯罪行为作斗争,维护社会主义法制"。

问:有些人提出,如果说惩罚罪犯的话,会不会把人当作工具来看? 通过惩罚犯罪分子,通过惩罚这个人,达到维护社会秩序的目的。那是不是人就是变成工具?

不会。实际上惩罚罪犯应该是没问题的,惩罚对象不可能是犯罪的。罪犯的标准是什么呢? 犯罪是罪犯的表现,你没有犯罪你就不能被定罪,应该是这样的关系。没有犯罪的当罪犯就搞错了。刚才你问的要不要提前的问题,我一直想要搞提前但是搞不起来。现在好像慢慢往这方面发展,现在越来越提倡要这样考虑。

这个问题正式文件里面提过好多次,但实际上还是按照原来的理论体系,那么你要提前的话,要保持这个规格,提前不是说另外加一些罪名,可以先从预备犯来考虑。如果说他的行为连预备犯也不构成,仅仅思想上有什么想法这个也不行,也不能过于提前。这里要有一条界线,不然的话,刑法老是处于被动,就不可能作为主动刑法。

问:《刑修(八)》增加了危险驾驶罪,导致现在醉驾行为大量入罪。司法实践中有 50% 都是这种案件。您觉得这种罪名的增加,到底必不必要,是不是太提前了,还是不应该划入刑法中。

这个我倒一直认为应该增加的。它肯定是过失犯罪,这个是没有争议的。酒驾本身与过失犯罪的概念本身是不同的。因为他醉酒是故意的行为,明明知道要驾驶又喝酒,故意地饮酒过度。特别是醉酒驾驶这个情况下,造成结果的情形下以过失来认定的话,又有点说不过去的。到了现在说不是过失,是故意的,这个话也很难说,交通肇事违反交通规则是故意的,他对结果是过失。危险驾驶罪增加是有必要的。

不过,将醉酒驾驶作为一般的交通肇事处理也太轻了。有些醉酒确实不是一般的醉酒。如果你要达到某一种目的,想借这个酒,杀人放火,它就不属于醉酒驾驶了。这个跟我们醉酒驾驶罪是分开的。我们醉酒驾驶是不属于这种情况的。

我觉得现在要研究的问题倒并不是醉酒驾车问题。倒是经济犯罪里面的许多问题,经营风险上哪些是属于合理的? 哪些是属于意外的?

问:下面我们谈一下您的学术思想。老师您对哪方面感兴趣? 可以讲一讲。

理论方面主要就是主客观一致原则,是越来越向主观方面发展,还是说越来越向客观方面发展。我是倾向于主观的,这有一些哲学上的原理。而且社会发展到现在为止,也确实是需要把惩罚犯罪、预防犯罪放在前面。就是说要不要往前推的问题。我也注意到这个问题,概括起来意思就是要强调预防犯罪。但是又考虑到它把客观的标准冲破了,这是一个问题。

第二个问题我感兴趣的是经济犯罪。市场经济的经济活动中都是有风险的,你要承认这个风险。计划经济也有风险的,市场经济就更有风险。在这个情况下,我们罪与非罪的界限不考虑这个问题的话,总是不把这个作为主要的问题考虑的话,要促进市场经济发展可能蛮难的。它一发展了就又把它限制了,导致一抓就死、一放就乱。这个里面涉及好多问题,计划经济下也有这个问题。计划经济下的买卖,我有计划,我有货我可以卖给你,我去筹备来卖给你是不可以的,算投机倒把。后来这个冲破了也可以了,承托人卖出去了,但是那边进不了货,那么那些花费又容易被认为是诈骗。

问:您赞同必然因果关系说和偶然因果关系说吗?

我觉得不科学。因果关系确实是很复杂,有必然因果关系、偶然因果关系。英美刑法因果关系最实在了,它分两个,事实上的因果关系和法律上的因果关系。先把事实上的因果关系分析出来,然后从法律观点来看,哪一个是和法律有关系的,这是有道理的。我们以前的做法,条件和原因分开,那么到底是条件还是原因?这么看是条件,那么看是原因。

必然性就是通过偶然性表现出来的,是可以转换的。马克思之所以成为马克思主义,它既有它的必然性,也有它的偶然性,马克思主义属于马克思,这是偶然的。但马克思主义在工农运动中必然要出现,这是必然的。所以马克思主义不能光看它的必然性,也不能光看它的偶然性,所以英美刑法是从事实上和法律上来进行区分。

问:现在很多人开始批判偶然因果关系和必然因果关系,然后就像老师说的要么主张英美的这种双层次的因果关系,要么主张引进日本的相当因果关系,或者是德国的客观归责理论。

基本上好像比较能够接受的,不论是否承认,相当因果关系理论大家还是比较容易接受一点。还有就是流行病学的统计能不能作为因果关系成立,实际上有好多人都是反对的,因为流行病学统计模式有概率性,而在刑法的定罪上我们要求必然性。统计学结果的准确度不是百分之百的,现在测量亲子关系最标准的是DNA,准确率也不是 100%。所以说,一定要 100% 的话,流行病学的统计就显得不科学,但是 DNA 检测方法也有误差。世界上没有绝对的东西的,所以因果关系也有争执的。

问:讨论一个比较经典的案例,被害人特殊体质的案件。被害人有血友病,然后被打一拳,流血不止就死了。按照传统的因果关系的角度,还是认为它是有因果关系的,然后通过罪过理论认定行为人没有过失,最终认定为意外事件。但是像德日他们就觉得首先就没有因果关系,因为他的行为就不是一个致死的行为。没有到罪过的方面就排除了犯罪的成立。我们是在主观方面排除他犯罪,他们是从客观行为方面排除。您觉得这两个思路哪种好?

说因果关系应该注重客观方面,不要加入主观因素。因果关系本身是客观要件里面的,主观的认识与否的问题,跟因果关系是脱离开的,不能在因果关系上考虑主观因素。美国他们就是法律的因果关系,法律因果关系要考虑主观。但是我觉得因果关系还是放在客观方面,否则因果关系既考虑客观又考虑主观,有点混乱,因为主观是最后再考虑的。

问:老师,我们谈一谈分散立法跟统一立法吧。1979 年刑法之前就规定了大量的附属刑法和单行刑法,但是 1979 年之后,1997 年刑法就把这些全都取消了。但现在也有人提出很多行政刑法,行政犯变化得非常快。采取这样统一立法的方式,是不是不利于认定犯罪和这种犯罪的变化,就有可能引起法律的频繁修改。有没有必要增加一些附属刑法,比如在一些经济法中、行政法中增加一些附属条款。

原来把分散的统一集中到刑法里面,这是作为一种进步的表现。那么从理论体系上来讲,刑事责任的问题完全是刑法本身的东西。刑法以外的刑事条款去定刑事责任,好像有点超越了。从实用这个角度来看,这附加情况的条款用起来蛮方便的。但是从法律体系的完整性来说,我看还是统一刑法比较好。各个条文里面都规定一点刑法条款,而且也不一定能够规定得清楚。过去的投机倒把罪、流氓罪,到底是口袋罪好,还是分散好。这个东西都是各有利弊的,口袋罪比较方便;分散以后就比较清楚,但是又容易遗漏。

问:像寻衅滋事、非法经营,好像都挺像口袋罪。

套路贷不知道你们有没有研究,我感到它有好处,它没有超越法典的范围,没有搞一个单独的罪,该诈骗就诈骗,该什么罪就什么罪,定罪的时候它没有搞一个套路罪。

问:这里面实际上区分了民间借贷跟诈骗或者跟其他犯罪的区别。老师您觉得这个界限怎么把握?

界限很难把握。现在我理解下来,如果不从套路这个角度来套,好多情形要定诈骗罪是很难的,高利贷也很难定。因为套路犯罪就是利用现在的法律规定作为表现形式。实际上这后面有一个总的套路指挥,而且现在套路还和暴力联系在一起。好多情况,诈骗跟敲诈勒索之所以能够成功,就靠这个东西。

问:老师您觉得套路贷中,一开始都是骗签合同、骗签那些虚高的债务,您觉得这个能不能单独定罪。比如设定债权,单独搞一个虚假凭证过来,然后再去通过虚假诉讼的方式要回债务。比如把一个人诱骗过来说是贷款的,然后他来了之后就用暴力胁迫他,你就得贷款。

这定诈骗、敲诈勒索就可以了,不用再搞一个罪名出来。但也是个问题,现在这个弄法如果弄得不好就又变成一个新的口袋罪了。到现在为止,定罪还是按照诈骗、敲诈勒索来。

问：您觉得在刑法中有必要增加非刑罚性处置措施吗，类似于外国的保安处分措施一样。比如现在的禁业规定、职业禁止规定。其实好像其他法律也都有，刑法中有没有必要去增加这些？

保安措施不见得是现在提出来的，我们那个时候呼声也蛮高的。早的时候我们还批判人家，说人家不对，认为是破坏犯罪的概念，认为这不是犯罪。后来逐步发展，出现了资格刑等，然后又考虑把劳动教养这些东西收到保安措施里面来。一开始搞得是很好的，到后来都搞得不像样。一开始老百姓是把子女送去劳动教养的，一年两年回来，结果劳动教养变成无期徒刑了，劳动教养比判刑还要厉害。后来说是不是归到保安处分里面，判死刑还可以有辩护权、上诉权。另外，让保安处分把各种资格刑设置得重一点，用刑法统一一下。这个东西我认为是好处多、坏处少。比如现在的限制乘飞机，搞得大家都有权对公民进行限制。在很早以前，在劳动教养取消以前，提出在刑法里面加个保安处分的呼声蛮高的，有一定合理性。另外保安处分还可以解决刑法提前预防的问题，体现的一个是在预备犯里面找出路，一个在保安处分里面找出路，不是另外加新的罪名。

问：老师，要不接下去我们谈一谈正当防卫，特殊防卫里面对于行凶、杀人、抢劫、强奸、绑架这些无限防卫，里面需不需要有一定限度，还是没有限度？

应该要有限制。对方的行凶、杀人等暴力侵犯是否正在进行，对于不是正在进行的不法侵犯，不能行使防卫权。

问：还有就是正当防卫过程中有没有一定的退避义务？

相互斗殴肯定不是正当防卫。互相斗殴与不法侵害的界限最难。现在提出来这种说法，即所谓回击方的退让义务，不过法律上还没有相关规定。

问:那是不是要加一个"不得已"这个要件。就是实在不行没办法了,我才能防卫,我要能躲就躲。比如他打我我可以跑,如果实在不行才可以反击。

紧急避险是有"不得已"这个要件的。正当防卫没有这样的规定。

问:正当防卫不法侵害的范围,是不是只包括暴力,就人身攻击?包不包括非法拘禁,比如有人把我关在房间里,那我为了逃出去,我就必须打他,把他打晕。

法律上对此处的不法侵害没有作出必须是暴力行为的规定。但对于非暴力性的侵害进行反击要慎重,要理性对待。要注意,案例中的非法拘禁是有人身性的、有暴力性的。

问:上次听讲座,陈兴良教授认为可以,他说非法拘禁实在没办法了就可以去防卫,他属于少数派。

非暴力的情况,你说不可以的话,被害者又可以主张对方非法拘禁有可能会被杀害,从这个角度当然是可以的。谁能保证非法拘禁不会发展到更严重的程度。外国刑法,有的国家法律里面,正当防卫有紧急状态的限制,因为法律明确规定了。法治国家中公民受到不法侵害以后应该求助于官方,只有在官方达不到的时间、地点等紧急情况下,你可以行使防卫权,正当防卫是一种补充。

问:正当防卫、紧急避险里面,比如精神病人的侵害,或者动物的侵害,到底是算正当防卫还是紧急避险?

对于动物属于正当防卫好像讲不过去,紧急避险是可以的,因为是属于"正在发生的危险"。精神病的话我们知道他是精神病,你能够避就避开,你实在避不了也可以实行正当防卫,但你尽量要减轻,减少他的损害,道理上也是可以的,但是理论上讲也讲不清楚。所以说你不知道他是精神病,可以认为是不法侵害。你知道他是精神病就不属于了。正当防卫最关键的问题就在于不法侵害结束和开始时间的界限。

问：下面谈一谈刑事政策怎么样？比如宽严相济的刑事政策，到底是一种立法上的还是司法上的？还是都有？

宽严相济既是立法的，也是司法的。宽严相济应该说是大家公认的一个好的政策。但是也有教训，宽严相济有的时候跟坦白从宽、抗拒从严一样，后来被大家认为是造成冤假错案的一个原因。为了得到宽容处理，口供容易不实。坦白从宽、抗拒从严如果成为诱导就不好了，纠偏掉了。那么宽严相济也要注意这个问题。我看过一个案件，公安厅厅长前两次严打的时候被抓起来了，从材料来看，他当时因为在工作中交了一批黑帮朋友，他本来想从黑帮朋友这入手办案。结果被人家揭发，确有事实，公安厅厅长与黑帮交朋友。他确实是交了一批朋友，确实是搞到了相当一部分人家搞不到的材料。后来判死刑，好多人给他出点子，你唯一的办法是把你掌握的材料全部抛出来,先救自己的命。结果这样做了以后,通过立功改判死缓,命保下来了。

还有一个民法上的调解,我们一直认为是很好的。现在想想里面也有问题,调解不负责任的,法官如果倾向于某一方当事人的话,法官有这个意思了,当事人不会和法官顶撞。一般情况下,调解与法律没有明显的冲突都可以成立。好多民事权利可以放弃的。人家不是自愿放弃,而是法官调解以后不得不放弃的。所以调解是好东西,弄得不好也会变成坏东西。所以宽严政策是好东西,但是宽严政策要作为启发,而不要作为诱导,成为诱导的话就会导致一些新的问题。但总体来说,宽严政策还是很好的。

问:老师,刚刚我们提到了冤假错案,您能不能谈谈冤假错案产生的一些原因,怎么去解决?

总体来说,我们冤假错案还是比较少的,但是又很难避免,现在问题是要从制度上保证冤假错案的减少,这是一个重要的问题。

问:有一个小问题,关于刑事责任年龄。现在很多人都提出要降到十二周岁。有很多人都说现在小孩子发育成熟,思想也比较成熟,他们对社会的认知可能也提前了。

我不主张降低,我们十六周岁是完全刑事责任年龄,十四周岁是相对刑事责任年龄,不满十四周岁不负刑事责任。现有补充规定:已满十二周岁不满十四周岁的人,犯故意杀人、故意伤害罪,致人死亡或者以特别残忍手段致人重伤造成严重残疾,情节恶劣,经最高人民检察院核准追诉的,应当负刑事责任。

问:因为现在小孩子普遍长得很高,他们可能跟社会接触得也多,理解得也深入。

这个跟长得高没什么关系。我认为现在的关键是不满十四周岁和十二周岁的人实施危害行为,因为不被处分,这些人又应该怎么办? 这是难题中的难题。

还有工读学校,工读学校就是半个少教所,这涉及预防犯罪,没有构成犯罪的这些人收拢在一起。这个好不好? 实践证明,结果是不好的。现在还有人呼吁恢复工读学校。这些问题都比较复杂的。

问:但书规定能聊一聊吗? 但书规定能否去指导分则呢,比如指导司法机关的罪名认定过程,还是但书只是指导立法?

都能指导。

问:有学者就提出,这个只是去定义犯罪概念,只能去指导立法,但不能去指导司法。

如果只指导总则,不指导分则,那有什么用。

问：老师，聊一聊您对刑法的一些展望吧。

涉及两点。第一点，主客观一致原则，逐步向主观方面倾向，还是向客观方面倾向，我主张向主观方面倾向。第二个，刑法要提前预防犯罪。预防犯罪里面发展方向应该是从预备犯和保安处分方面加以部署，刑法不完全是被动的，要主动。

具体的新问题，我有点感兴趣的是套路贷。经济犯罪里市场风险的问题，区分和集资诈骗界限的问题。经济犯罪里面有好多问题都跟市场经济的风险有关，你承认多少，承认到什么程度，这涉及好多问题的罪与非罪。

附录　一起重大刑事案件无罪辩护成功的启示

　　山东省××市(县级市)1987年9月审理的该市大辛庄乡供销社理事会主任、棉站站长朱某贪污案,一审法院于1987年10月4日以(1987)临法刑字第36号刑事判决书,判处朱某犯贪污罪,处有期徒刑七年。经抗诉、上诉后,二审法院于1988年7月14日以(1987)聊中法刑抗字第4号刑事判决书,终审判决维持一审判决。

　　申诉后,省高级人民法院提审,于1990年11月7日,以(1989)鲁法刑二监字第38号刑事判决书,撤销二审法院(1987)聊中法刑抗字第4号判决书对朱某的有罪有刑判决,宣告朱某无罪。

　　这本来是一件无罪申诉成功的很普通的案例,之所以引起多方面的重视和关注，与这个案件的"特殊性"有关。

（一）规模大

1987年9月21日至10月1日，在该市东方红大剧场公开审理，剧场的演出舞台为审判区，台中央为审判庭组成人员三人，旁为书记员座位。台的两侧是控辩席位。控方出庭检察长、检察员共十一人，辩方出庭律师十一人。分左右两排座位就座。本案受审的被告人共五人（到庭），朱某为主犯。台下观众席改为旁听席。

这次公开审理的气氛相当紧张，台上的人紧张，台下的人也紧张。坐在台下旁听者都是当地企事业单位的有关人员，特别是对于其中的中小企事业单位，审案中的许多问题在他们自己单位、他们自己身上也有发生，大家对这次审判结果十分担心和不安。这种紧张气氛和情绪弥漫在场内外，甚至蔓延到了社会上。

（二）情势紧急

本案聘请律师合同是1987年2月4日签订的，正值农历春节，这就不是平常办事时间。来人是朱某的儿子(以下简称朱某子)和胞弟(以下简称朱胞弟)。他们说这是一起没有贪钱的贪污案,来势凶猛,全市法制宣传满天飞舞,大有判处死刑的势头。特来上海聘请律师辩护。朱某子是当地市政府干部,朱胞弟正是承办此案公诉机关的检察院干部,原任承办贪污犯罪的起诉科科长,为此案停职,并上缴了自卫手枪,这次是陪同朱某子来沪聘请律师的,情势紧迫和危急。要求组织指派适当律师出庭辩护,值班人员提出为办案方便,是否可以聘请当地律师出庭辩护。朱胞弟说,此案特殊,案情重大。当地律师不宜出任此职,要求上海支援。在这春节期间,上海第四律师事务所指派的陆世友、姜涵时两位律师即去法院阅卷。离沪前,两位律师对案件的复杂性是有思想准备的。朱胞弟本是检察干部,他所介绍的情况和处境是可以相信的。主犯贪污罪,很有可能被判处重刑,这就成了"奇案"。承担此案主犯的辩护律师,责任重大,担当重大,风险重大。到达法院后,检察院起诉案卷共二十多本,足足花了十多天时间,才梳理出全案的数条线索、节点、情节、证据等办案要点,为后来的辩护立论、证据打下了坚实基础。

（三）法庭辩论激烈

法庭辩论主要是围绕：如何区分违反财经纪律、不正之风与刑事犯罪的界限（结合乡镇企业中的种种乱象作出符合实际情况的科学、合理、合法的判断）；如何处理乡镇企业中财务记账不规范甚至白条支付、报销等问题（严格区分过去、现在和今后的界限）。

一审判决，法院判定朱某某犯贪污罪，处有期徒刑七年。检察院以个别证据使用不妥，部分事实定性不当为由，提起抗诉，要求纠正重罪轻判。朱某认为自己有错，性质上属于违反财经纪律和不正之风，不是犯罪问题，一审判决有罪不当，提出上诉，要求改判无罪。中级人民法院审理后作出终审判决，维持一审法院对朱某的判决，上诉被驳回。判决生效后，朱某以自己"属违反财经纪律和不正之风"，尚不属贪污犯罪为由，向省高级人民法院提出申诉，要求改判为无罪。其他被告人中也有提出无罪申诉的。省高级人民法院依审判监督程序提审本案，并作出终审（再审）判决，有关要点如下：

1. 二审判决朱某 1982 年至 1985 年 7 月利用职务

之便,侵吞大辛庄棉站木材零点一五五平方、现金四百九十元、电扇两台、照相机一架、棉籽饼两千斤,计款一千四百九十三元三角。经再审逐项核查,确认"定性不当"或"证据不足",均不构成贪污罪。

2. 二审判决认定 1984 年 7 月朱某伙同苏某以"赚取(油、籽)差价"名义侵吞棉籽五万斤,价款一万零八十五元为苏某所得。经查:1984 年 7 月苏某在棉站帮工期间,向该站副站长辛某提出加款给五万斤棉籽。朱、辛两人商量后,决定从后八里油厂拨给苏某五万斤,即告诉油厂厂长韩某。经油厂领导研究,按出油率、饼、皮扣除加工费折款一万零八十五元支给苏某。因棉籽没有定价,苏的丈夫车祸当时未交款。但朱某已安排司务长李某准备收款。认定贪污不妥。

3. 二审认定自 1984 年 6 月至 1985 年 9 月间,朱某利用职务之便,挪用公款一万零四百九十元。经查:朱某同意借给派出所张某款二千元并告诉会计从张某的卖棉款中扣除,而会计忘记扣款。借给市人大时某买电视机款一千五百元,借给车辆监理站一千七百元,借给尹某一千元,支给苏某三千元作为流动资金为棉站购买零配件活动经费,以上均为违反财经纪律之行为。

4. 省高级人民法院(1989)鲁法刑二监字第 38 号刑事判决书认定:"申诉人朱某在任棉站站长期间,违反财经纪律,不按规定结算账目。同意借公款给个人使用是错误的,但情节显著轻微,构不成犯罪。二审以贪污罪定性量刑不妥,应予纠正。"判决:(1)撤销中级人民法院(1987)聊中法刑抗第 4 号刑事判决书中对朱某的判决;(2)宣告朱某无罪。

此案无罪申诉的成功,在理解政策和适用法律上留下了许多很有意义的思考,颇有借鉴价值。